ÉTUDE DE **Mᵉ LÉON GRELAT**, Commissaire-Priseur

A Paris, rue Bergère, 3o *bis*

(Successeur de Mᵉ ORY)

TABLEAUX MODERNES

ET ANCIENS

Pastels, Aquarelles, Dessins, Gravures, etc.

DONT LA VENTE AURA LIEU

Par suite du décès de M. ZIDLER

HOTEL DROUOT, SALLE N° 11

Le Lundi 10 Janvier 1898

A DEUX HEURES ET DEMIE

EXPOSITION PUBLIQUE

LE DIMANCHE 9 JANVIER 1898

De une heure à cinq heures et demie

COMMISSAIRE-PRISEUR	EXPERTS
Mᵉ Léon GRELAT	MM. FÉRAL, Père et Fils
Rue Bergère, 30 *bis*	Rue du Faubourg-Montmartre, 54

PARIS — 1898

IMPRIMERIE MAULDE ᴇᴛ RENOU

MAULDE, DOUMENC & Cⁱᵉ
IMPRIMEURS DE LA COMPAGNIE DES COMMISSAIRES-PRISEURS
Rue de Rivoli, 144. — Paris

CATALOGUE

DE

TABLEAUX

Modernes et Anciens

PASTELS, AQUARELLES, DESSINS

Gravures, Lithographies, Photographies, Miniatures, etc.

ŒUVRES DE

Anquetin, Bernier, Boilly, Boudin

Daubigny, De Penne, Pissaro, Miralès, Manet, Ribéra, Stevens

Notermann, Chéret, Clairin, Willette, etc.

DONT LA VENTE AURA LIEU

Par suite du décès de M. ZIDLER

HOTEL DROUOT, SALLE N° 11

Le Lundi 10 Janvier 1898

A DEUX HEURES ET DEMIE

COMMISSAIRE-PRISEUR	EXPERTS
Mᵉ Léon GRELAT	MM. FÉRAL, Père et Fils
Rue Bergère, 30 *bis*	Rue du Faubourg-Montmartre, 54

CHEZ LESQUELS SE TROUVE LE PRÉSENT CATALOGUE

EXPOSITION PUBLIQUE

Le Dimanche 9 Janvier 1898, de 1 heure à 5 heures 1/2

PARIS — 1898

CONDITIONS DE LA VENTE

—

La vente aura lieu au comptant.

Les acquéreurs paieront CINQ POUR CENT en sus des enchères

L'exposition publique mettant à même les adjudicataires d'apprécier les objets, aucune réclamation ne sera admise une fois l'adjudication prononcée.

Imp. MAULDE, DOUMENC et Cie, imp de la Cie des Commissaires-Priseurs,
rue de Rivoli, 144   250—71187

DESIGNATION

TABLEAUX MODERNES ET ANCIENS

PASTELS, ETC.

ANQUETIN

1 — Le Retour des Courses, à la Croix-de-
Berny.

BERNIER (C.)

2 — Le Marié du Village.

BOILLY (Louis)

3 — Portrait de Femme.

BOUDIN

4 — Vue de Trouville.

CARRIER-BELLEUSE

5 — Portrait de Jeune Femme.

Pastel.

CARRIER-BELLEUSE

6 — Danseuse.

Pastel.

CHERET (J.)

7 — Mascarade.

Pastel.

COROT (Attribué à)

8 — Paysage.

DAUBIGNY

9 — Bords de Rivière ; Effet d'Hiver.

Esquisse.

DAUBIGNY

10 — Bords de Rivière.

Esquisse.

DE PENNE (Oct.)

11 — Chiens savants.

FLEURY (Jules)

12 — Arrivée de Saltimbanques.

GRANDJEAN

13 — L'Amazone.

GRŒGAERT

14 — Jeune Femme tenant des Fleurs.

GROLLERON

15 — Pierrot, en buste.

HUGUES (Clovis)

16 — Paysage.

LE POITTEVIN (Eugène)

17 — Le Cavalier.

MANET

18 — Un Jour de Fête.

MAUREAU

19 — Les Bords de la Seine.

MESPLÈS (E.)

20 — Les Danseuses.

MIRALÈS

21 — La Partie de Campagne.

NOTERMANN

22 — Le Cirque.

NOTERMANN

23 — L'Alphabet.

Pendant du précédent.

NOTERMANN

24 — Chez le Juge de Paix.

OSTADE (Isaac Van)

25 — La Vessie soufflée.

PELCOQ (Jules)

26 — Le Bal de l'Opéra en 1876.

PISSARO

27 — La Récolte.

RIBÉRA

28 — Intérieur d'Atelier.

ROLLOT (Berthe)

29 — Jeune Femme tenant un Éventail.

STÉVENS (Alf.)

30 — Pâturage.

VEBER (Jean)

31 — Un Jeu de Cartes de la République.

VOS (Attribué à Martin de)

32 — Sainte Madeleine.

WILLETTE

33 — La Leçon de Danse.

ÉCOLE MODERNE

34 — La Partie d'Échecs.

AQUARELLES ET DESSINS

ANDRIEUX

35 — Les Gardes nationaux.

Aquarelle.

CLAIRIN

36 — Tête de Jeune fille.

Dessin à la mine de plomb.

CORROS

37 — Le Patinage à roulette.

DE DREUX (Genre d'Alfred)

38 — Cavalier.

Dessin à la mine de plomb.

DELORT

39 — Amazones.

Deux pendants.
Aquarelles.

DE PENNE (Oct.)

40 — Chasse à courre.

Dessin à la plume.

GUILLAUME (A.)

41 — Feuille de dessin à la plume.

KIESEL

42 — Le Concert Muzar.

Aquarelle.

LAUTREC

. 43 — Le Bal public.

PILLE (Henri)

44 — La Parade.

Dessin à la plume.

SOMME (H.)

45 — Au Moulin-Rouge.

Aquarelle.

THOREN (M. de)

46 — Projet d'affiche.

VERNET (Genre de Carle)

47 — Cirques, sous le Ier Empire.

Deux pendants.
Aquarelles.

GRAVURES, PHOTOGRAPHIES
ET OBJETS DIVERS

PANETIS (G.)

48 — L'Escalier d'une Mosquée.

VERNET (D'après H.)

49 — Sujet militaire.

PEINTURE DE FORME RONDE
VERNIS MARTIN

50 — Une Eau-forte de MEISSONIER : Reîtres en
marche.

51 — Deux Gravures en couleur, d'après MOR-
LAND.

52 — Un lot de Miniatures : huit pièces. *(Ce
numéro sera divisé.)*

53 — Un lot de Photographies : six pièces encadrées et sous verre.

54 — Un lot de Gravures et Photographies : huit
pièces.

55 — Environ soixante-six pièces encadrées et sous
verre : Dessins, Gravures, Photographies, etc. *(Ce numéro sera divisé.)*

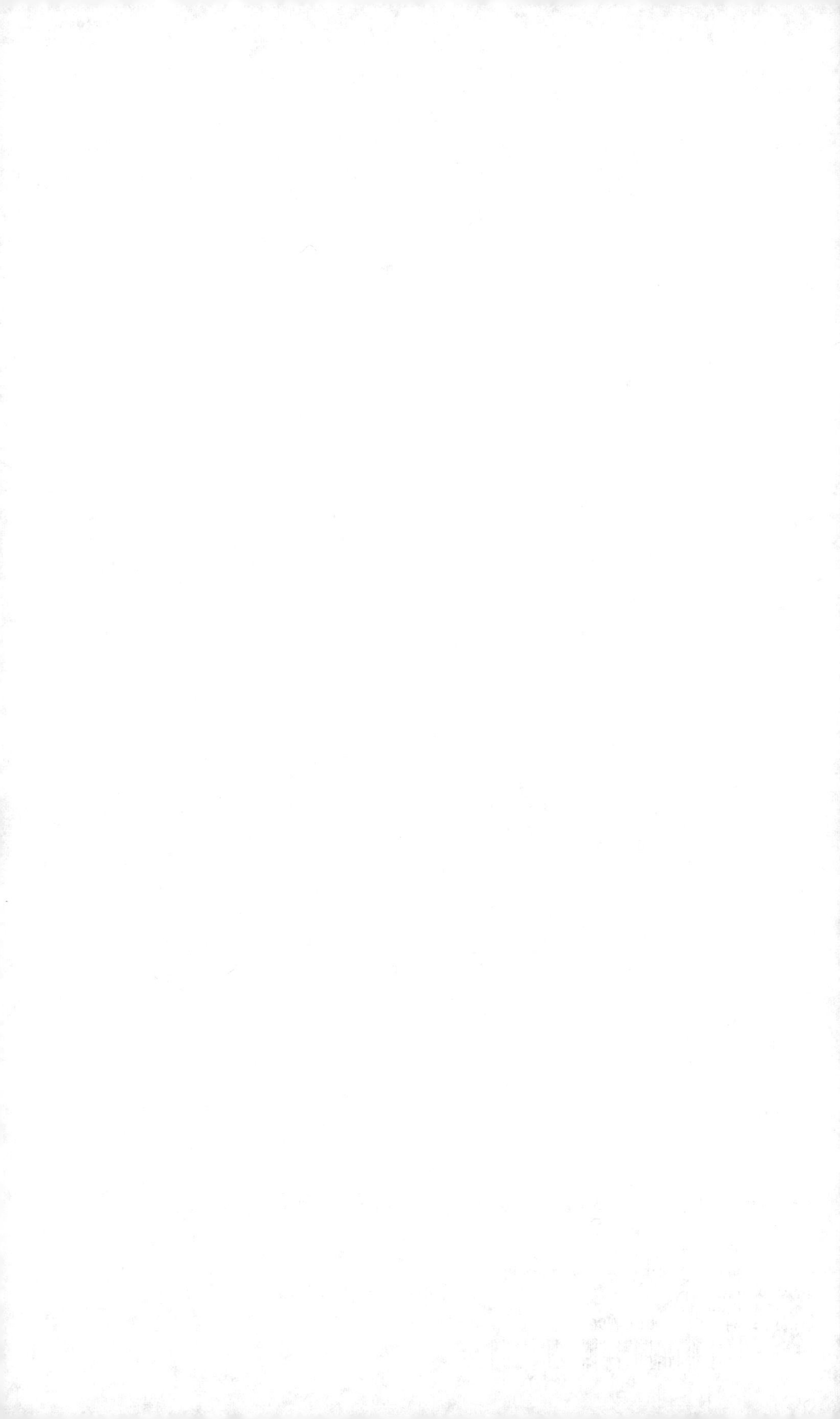